Género No ficción

I0799976

Pregunta esencial
¿Qué hacen juntos los amigos?

Tengo un amigo

Carmen Delfino

Corbis/age fotostock

LECTURA COMPLEMENTARIA

Alexander Manton/AsiaPix/Getty Images

Yo tengo un amigo.

Juego en el parque con él.

¡Vamos, Lalo!

McGraw-Hill Companies Inc. Ken Karp, photographer

Yo también tengo un amigo.

Leo en la escuela con él.

Nos gusta leer.

Corbis/age fotostock

Yo tengo un amigo.

Mi amigo me ayuda.

¡Yo puedo, Milo!

©Superstock

Yo también tengo un amigo.

Mi amigo me saluda.

¡Hola, Lupo!

Daniel Pangbourne/Digital Vision/Getty Images, (inset)Westend61/Getty Images

Yo tengo un amigo.

Yo veo la tele con él.

Celia Peterson/ArabianEye/Getty Images

Yo también tengo un amigo.

Yo juego a la pelota con él.

©Photodisc/Punchstock

Yo tengo un amigo.

Él me hace limonada.

A mí me gusta.

Anne Ackermann/Digital Vision/Getty Images

Yo también tengo un amigo.

¡Mi amigo es muy peludo!

¡Dame la patita, Loto!

Javier Pierini/Digital Vision/Getty Images

Yo tengo un amigo.

Mi amigo es el papá
de mi papá.

Yo juego con él.

Camille Tokerud/The Image Bank/Getty Images

Yo también tengo un amigo.

Es mi papá.
¡Es mi mejor amigo!

¿Quién es tu mejor amigo?

Respuesta a la lectura

Volver a contar

Vuelve a contar detalles de *Tengo un amigo* con tus palabras.

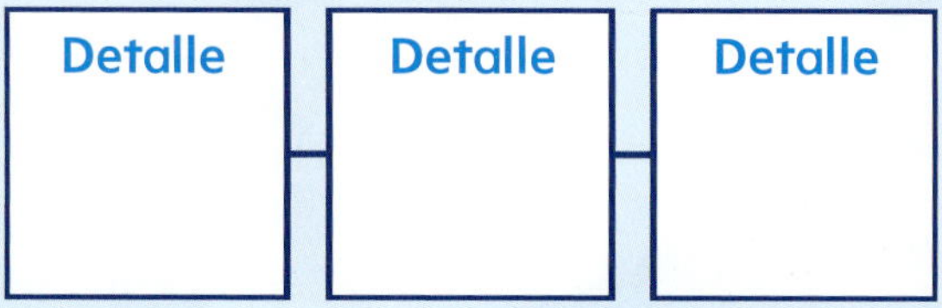

Evidencia en el texto

1. Mira la página 4. ¿Qué detalles te dicen que los niños son amigos? **Detalles clave**

2. Mira la página 8. ¿Qué hacen los amigos? **Detalles clave**

3. ¿Cómo sabes que *Tengo un amigo* es un texto de no ficción? **Género**

Género Poesía

Compara los textos

Lee para saber lo que estos amigos hacen juntos.

Con mis amigos

rima tradicional
ilustrado por Nana Gonzales

Con mi amiga Adela,
bailo en la escuela.

Con mi amiga Tomasa,
bailo en la casa.

Con mi amiga María,
juego todo el día.

Con mi amigo Leo,
platico en el recreo.

Con mi amigo Agustín,
paseo en monopatín.

Con mi amiga Julieta,
ando en bicicleta.

¿? Haz conexiones

Observa las imágenes del poema y del texto. ¿Qué juegos comparten los amigos? **El texto y otros textos**

Enfoque:

Estudios Sociales

Propósito Descubrir a qué les gusta jugar a tus amigos

Paso a paso

Paso 1 Haz una tabla como esta.

Mis amigos	Les gusta

Paso 2 Pregúntales a tus amigos a qué les gusta jugar juntos.

Paso 3 Escribe a qué les gusta jugar a tus amigos. Comenta lo que aprendiste.